Círculo Rojo

Mavi, la niña sin niñez

# MAVI,
## la niña sin niñez

Ludmila Mavi Forteza Swietozielski

Círculo Rojo
EDITORIAL

Primera edición: febrero 2024

Depósito legal: AL 180-2024

ISBN: 978-84-1061-540-3
Impresión y encuadernación: Editorial Círculo Rojo

© Del texto: Ludmila Mavi Forteza Swietozielski
© Maquetación y diseño: Equipo de Editorial Círculo Rojo

Editorial Círculo Rojo
www.editorialcirculorojo.com
info@editorialcirculorojo.com

Impreso en España - Printed in Spain

El papel utilizado para imprimir este libro es 100% libre de cloro y, por tanto, **ecológico**.

*A mi hija, Alisha.*
*El mayor tesoro que me dio la vida*
*y a la que debo la felicidad y las ganas de seguir adelante*
*intentando ser la mejor persona,*
*la mejor profesional y, sobre todo, la mejor mamá.*
*Te amo con toda mi alma.*

# Prólogo

La vida es un regalo divino que debe ser aprovechado hasta la última molécula. Algunos tienen la suerte de poder vivirla con tranquilidad, sin sobresaltos, mientras que otros la experimentan como grandes tormentas enfurecidas e incesantes. Lo importante y esencial es que, más allá de lo que te toque vivir, la vivas y la crees como tú la quieras, como tú decidas que sea intentando ser feliz, intentando no repetir errores de otras personas que te hayan dejado marcado. Al principio, somos un lienzo en blanco que pintan otros a su antojo, pero con el pasar de los años y esfuerzo podemos volver al blanco para colorearlo como queramos; en mi caso, intento pintarlo de esperanza, valentía, fortaleza, sabiduría, perdón y amor, todos importantes para no rendirse, seguir luchando y poder sentirse orgulloso de uno mismo.

¿El camino es difícil? Sí, sí, lo es y mucho, pero no es imposible, nunca es imposible cuando somos firmes en nuestras convicciones y anhelamos la felicidad, creyendo fervientemente en la existencia del amor, del verdadero amor, pero no solo el de la pareja, también el amor de hermanos, de hijos, de amigos, el amor a la vida, el amor en su más amplio significado. Para mí, el amor es lo que nos salva.

En las próximas líneas que leerán tal vez no logren comprender por qué puedo amar, admirar y perdonar tan intensamente a mi madre, pero me gustaría resumir el motivo principal, y es que me dio la vida; sin ella, no estaría aquí y hasta el último de mis días se lo agradeceré y la amaré.

Es difícil escribir estas líneas, pero es parte de mi historia, y aunque no las quiera recordar o no las quiera volver a sentir, ellas están y estarán por siempre.

Nací en 1982 en un hospital público. Mi mamá era ucraniana y mi papá era uruguayo, de familias aparentemente normales. Se conocieron en Argentina, lugar donde mi madre residía y mi padre estaba intentando realizar su juventud con nuevas experiencias y una vida independiente, lejos de la oscuridad del pasado.

Él era un joven extrovertido, mujeriego, gran lector de libros que incitan a ser mejores seres humanos en esta Tierra en la que solo estamos de paso. Su infancia estuvo marcada por una madre que deseaba tener una niña y, al no conseguirlo, aferrada a sus deseos más profundos, transforma al pequeño Octavio en una niña a la que vestía como mujer, le pintaba las uñas y lo untaba de las mejores cremas; también le daba largos baños con lejía para aclarar su piel, ya que la misma era del color de la penumbra antes del anochecer.

Su padre, o sea, mi abuelo, a quien yo más quería, era un hombre de dimensiones enormes y estridente, como los fuegos artificiales, protagonistas de festividades y acontecimientos que dejan marca; sin embargo, era reservado y distante con Octavio, y blando, muy blando como la mantequilla sobre el calor de su esposa; a la cual le concedía todos y cada uno de sus deseos sin expresar o demostrar su visión ante los acontecimientos.

El pequeño Octavio creció como una semilla a medio podrirse, luchando con fantasmas sombríos y escabrosos del pasado, llegando hasta el punto de encontrarse solo en una habitación blanca, sin nada a su alrededor, solo con malvados ángeles que vigilan su estadía y brindaban amargos caramelos que mantenían su calma. También recibía pequeños trozos de cremosa leche de ternera solidificada y sabrosa. Sobre él, un suave néctar lo cubría; era el de la batata en barra, la cual afirmaban que mantendría su atormentada masa gris en la lucha por despejar de ella la oscuridad que lo invadía, que lo consumía lentamente con tristeza, soledad y locura.

El tiempo, rápido y silencioso, para él, transcurrió pudiendo percibir nuevamente el movimiento de las hojas, sentir gotas saladas en su rostro tras romper las olas a la orilla del mar y granos diminutos que cubrían sus pies y regocijaban su alma. Sin conciencia, sin rastros aparentes de su vivencia, conoció a una hermosa mujer de cabellos negros como la noche más oscura y corta; su piel, blanca como la nieve, y unos ojos que, según su sentir, eran color cielo celeste resplandeciente, verde vivaz en un oasis en medio del desierto o gris apagado como tormenta con algún destello de trueno. Su nombre, el más bello que haya conocido: Margaret. Desconozco por qué sus almas coincidieron, tal vez se deba a que yo debía llegar a este mundo por alguna inexplicable razón que aún no he podido descubrir.

El tiempo pasó. Margaret y Octavio formaron una familia a pesar del deseo de sus padres, ya que ninguno de los lados estaba feliz por esta unión provocada por el destino, que dio lugar a un hogar conformado por dos enamorados y tres niños fuertes y sanos.

Estaba la niña mayor, Lizeth, extremadamente inteligente y asombrosamente malvada; aun así, era la consentida, la favorita de Margaret y Octavio. Luego de un año y siete meses, llegaron a sus vidas los mellizos, un niño que vio la luz del día con su piel marchita como una uva olvidada al sol despiadado del campo; sus orejas, aún inmaduras, caían hacia adelante careciendo de fuerza ni rigidez, y su flacura excesiva hacía creer a las personas que, si lo cogían en brazos, este se rompería como el cristal más fino y delicado. A pesar de todo esto, Manuel era los ojos de su madre, luego de su primera hija, claro; sin embargo, su compañera de viaje era una niña regordeta con sus mejillas rojas como fresas maduras y apetecibles, una mirada brillante, alegre, que despertaba en todos los que la miraban deseos de tenerla entre sus brazos y disfrutar de su increíble simpatía. Esa era yo, Mavi, y, por si se lo preguntan, no tuve la misma suerte. Margaret estaba convencida de que era una niña diabólica, de inexistente inteligencia y una promiscuidad digna de mujer adulta en un pequeño ser.

A pesar de todo, Margaret era y es la más digna de mi admiración, amor y respeto. Yo era su compañera incondicional; pegada a su falda, no había lugar en el cual ella estuviera sin mí a su lado. Hacía cosas que no hacía ninguno de mis hermanos porque estos preferían jugar o realizar otras actividades, permitiendo así ser un pequeño lazarillo que no se separa jamás de su dueño, y eso me hacía feliz. Sentía que demostraba el profundo amor que le tenía a la hermosa mujer que me dio la vida y pensaba que era el camino para acceder a su aceptación y amor…

Éramos muy pobres, por lo que mi mamá trabajaba para una fábrica textil como costurera recibiendo miserables monedas, las cuales no alcanzaban para alimentarnos, menos para disfrutar de algún tipo de lujo, como sería en ese momento un caramelo; hasta el papel de baño, que es básico, para nosotros, era algo inaccesible y, al no poseerlo, mi mamá colocaba en el cuarto de baño, a un lado del retrete, un trozo de tela, retazos sobrantes de sus costuras, con la cual, luego de defecar, nos limpiábamos. Cuando era casi indetectable su color original, impregnado de óleo intenso y abrumador, Margaret se disponía a lavarlos a mano poniéndolos al sol rápidamente, como si eso acelerara su secado.

Era difícil, todo era difícil, pero para nosotros era normal porque no conocíamos otra cosa. Todo era tan surrealista; hasta desplazarnos al baño era traumático, ya que debíamos atravesar un pasillo llegando a una pequeña habitación sin puertas, que era el reducido taller de mamá, y ahí podías ver a las ratas acicalándose sin miedo alguno, sumamente tranquilas, como si los intrusos fuéramos nosotros.

En esos tiempos, Margaret se confeccionó una falda larga que pasaba las rodillas, anchas, muy anchas, y tenían en cada uno de sus laterales una larga abertura casi invisible que daba lugar a dos profundos y enormes bolsillos internos, en los cuales, cuando íbamos de compras, en él desembocaban las delicias más inalcanzables para nosotros. Debo aclarar que no estaba bien lo que hacía, pero sí puedo afirmar sin titubeo en la voz que es la mayor merecedora de mi admiración porque sé que lo hacía por nosotros.

Sin embargo, mi padre solo pensaba en sí mismo pasando frente a nuestras narices y tristeza los platos humeantes de ternera, patatas, huevo recién hecho que devoraba plácidamente, sin emoción alguna de sufrimiento o culpa por no poder compartir su festín. Al contrario, era tanta su felicidad que lograba desbordar la presa de agua salada de nuestros ojos.

No comprendo por qué Margaret aceptaba esto, pero lo hacía y no la culpo. Tal vez fuera miedo; estoy segura de que no era ignorancia, pues mi mamá era una mujer, además de bella y fuerte, preparada. Fue independiente; desde muy joven estudió y se hizo profesora de física, química y matemáticas. Muy jovencita ya daba clases y tenía su propio automóvil, el cual, al estar con Octavio, tuvo que vender porque él necesitaba dinero; también la convenció de dejar su trabajo. Claro está que la anuló por completo.

Cuando Margaret presentó a Octavio a su familia, lo primero que dijo mi abuela ucraniana fue:

—Acaba de entrar el demonio a esta casa.

Siempre la juzgué por estas palabras y más me ayudaba a hacerlo el trato que me brindaba, pero con el pasar de los años y el sinfín de vivencias, lamentablemente, le doy la razón. De todas maneras, no solo yo era hija de ese demonio maligno, mis hermanos también lo eran, entonces, ¿por qué se ensañó conmigo?

Debo decir que no soy santa, y aunque trato de no tener rencor ni odio, cuando me enteré de que había fallecido y que sus últimos días fueron atroces, no pude dejar de pensar que la vida había hecho justicia por tanto dolor e injusticia que cometió para conmigo, una simple niña de tez tostada y cabellos rizados. ¿Cuál era el daño que podía causar con el manto de inocencia que cubre la infancia?

Con el tiempo, comprendí que la gran diferencia con mis hermanos era el color de mi piel, pero eso no me traumatizó, al contrario, estaba feliz por ser diferente; de hecho, admiraba a Tina Turner y quería ser como ella: una mujer fuerte, *sexy*, con carácter y mucha personalidad. No me cansaba de verla y escucharla; creo, o, mejor dicho, estoy segura de que me ayudó a sobrevivir.

El padre de Margaret murió antes de que ella conociera a Octavio y, por lo que sé, fue un golpe muy duro para ella, por lo que estaba debilitada emocionalmente. Supongo que mi padre pudo irrumpir, tan intempestivamente en su ser, sin que esta pudiera ver su verdadero rostro oscuro y retorcido. De todas maneras, Margaret también tenía un gran secreto muy bien guardado y, al descubrirlo, con los años, me hizo comprender muchas cosas.

Siguiendo un poco con la historia, llegó el momento en el que Octavio cumplió cincuenta años, siendo ese día cuando decidió no seguir trabajando porque estaba muy cansado. Manuel y yo tendríamos alrededor de ocho años y, obligados por aquel, tuvimos que salir a trabajar. Por ese entonces, Margaret creaba vasos, floreros, tazas, platos, mates grabados con nombres o breves frases de amor o agradecimiento, los cuales salíamos a vender por las calles de Montevideo, teniendo que perder la vergüenza lógica de niños pequeños para mantener una familia.

La economía en esos tiempos no era buena en el país, por lo que cambiamos la artesanía por alimentos, ya que nadie deja de invertir en comer. Margaret era la encargada de cocinar, nosotros éramos responsables de envasarlos en bandejas para , al otro día, puerta a puerta, venderlos. Una vez terminada la mercadería, de la cual no debía retornar nada a casa, nos disponíamos a realizar la lista correspondiente a la materia prima que necesitábamos. Terminada esta tarea, nos dirigimos a comprar.

Recuerdo el camino de ida y vuelta de las compras: indignados, tristes; yo casi siempre llorando, pero lo bueno es que estábamos juntos y mi hermano siempre me sacaba más de una sonrisa. Juntos, éramos imbatibles, y a pesar de las circunstancias, encontrábamos la manera de ser felices recorriendo las calles, ahorrando el dinero destinado para el transporte que nos llevaría de un barrio a otro para realizar las ventas de ese día. Con eso nos comprábamos algún dulce, refresco o comida a las que no accedíamos nunca, pero también nos servía para cubrir las pocas ventas, por lo que poníamos el dinero y nos comíamos alguna de las bandejas que nadie nos quiso o pudo comprar.

Sabíamos que no podíamos volver con mucho sobrante, solo era aceptable regresar con una o dos bandejas sin vender. Más de una vez, al llegar a casa, sentíamos el fuego penetrante en las plantas de los pies enrojecidos como tomates, a punto de descomposición por el constante calor y fricción del amargo e intenso asfalto, ya que, para proteger las suelas de los zapatos agujereados como un gran queso gruyer, le colocamos plantillas de cartón, las cuales no podían soportar ni treinta minutos de caminata. Otras tantas veces, debido al rozamiento continuo de mi entrepierna, estas lloraban lágrimas teñidas de rojo intenso. Me las limpiaba cuidadosamente, sin decir una palabra, para poder continuar el día siguiente y que no se enteraran de que guardábamos ese dinero que era para el bus.

Un amigo de Octavio, luego de una separación tormentosa, se unió a nuestro trabajo, siendo así empleado. Recibía como remuneración alojamiento en una habitación de una de nuestras clientas y alguna bandeja de comida. Era costumbre que Octavio se reuniera todas las noches con Juan para recibir las ganancias del día. Casi siempre nos llevaba a estos encuentros en los que podíamos observar cuáles eran las consecuencias de no vender: un hombre de unos cincuenta y tantos años, humillado; su piel, azulada debido a los puñetazos y las patadas. Una vejación insoportable. Otro castigo impuesto para Juan era colocar sus rodillas en tierra, bajar la bragueta de Octavio y realizarle una felación. Así pasaban los días, meses, años, y nuestra niñez, interrumpida por una cruel realidad que ningún niño merece ni debería vivir.

La vida de Lizeth, mi hermana, sin embargo, era distinta. Siempre gozó de privilegios y atenciones que eran desconocidas por nosotros. De todas maneras, creo que la inocencia no permite ver de dónde viene la luz hasta que uno abre los ojos. Para esto, pasó mucho tiempo, más del que hubiera querido.

Un poco más grandes, Octavio tuvo la idea de reto-
mar sus estudios, detenidos en la juventud por las ansias de aventuras que contar. Así lo hizo: dormía por
el día y por las noches se dirigía al colegio de adultos,
donde conoció a una chica de dieciocho años con la
que logró una relación de amistad extremadamente
estrecha. Caprichosa y perturbadora, un día, esta se-
ñorita escasa de virtudes, amabilidad y modales se instaló en nuestra casa aduciendo que había tenido una
gran discusión con sus padres y su prometido. Tras el
desafortunado evento, corrió a pedir ayuda a su querido amigo, mi padre, el cual no dudó ni un momento
en responder a su suplicio. La convivencia con esta
despreciable garrapata adherida con todas sus fuerzas
y alimentándose de cada gota de sangre, sin compa-
sión ni serenidad, logró desvanecer el escaso brillo y
felicidad de su alrededor.

Yo era muy pequeña, pero aún hoy están grabadas
en mis pupilas las noches en las que se paseaba con sus
camisones que dejaban ver su despreciable humanidad,

las charlas que tenían en habitaciones totalmente herméticas con mi padre, saliendo de estos empapados en sudor, despeinados y carentes de vergüenza. Los fines de semana, mi padre le decía a mi madre que nos llevara a la playa, al parque, a cualquier lugar donde pudiésemos estar todo el día para que, al regresar por la noche, quisiéramos entrar a casa y encontrásemos la puerta bloqueada y cerrada como si estuviese blindada. Nos dejaba esperando en la oscuridad de la noche, pudiendo escuchar las corridas y risas que, una vez abierta la muralla, ocultaban con total descaro.

Todo este dolor e impotencia provocó en mi madre un continuo sufrimiento, dejando secuelas imposibles de sanar y grietas en su corazón con la profundidad del océano oscuro y frío. No justifico a Margaret, pero me hago una y otra vez la misma pregunta: ¿quién es capaz de sobrevivir a tanto desparpajo, tanta miseria, tanta pobreza, tanta frustración y tanto dolor?

Llegó el momento en el que Margaret encontró fuerza como la lava de un volcán en plena erupción para enfrentarse a Octavio pidiéndole la partida de tan ruin presencia femenina, a lo que este se negó rotundamente y, con voz firme y templanza de iceberg, le dijo:

—Antes de que se vaya ella, te irás tú con tus tres hijos, a ver qué puedes hacer en la calle, sin familia ni conocidos que te puedan socorrer.

Margaret sintió en su corazón un puñal recién desenfundado y extremadamente afilado que la dejó sin aliento y totalmente derrotada como guerrero abatido por cientos de enemigos. Atada de pies y manos, solo podía abrazar la resignación.

La vida siguió así muchos años, de los cuales esta intrusa dejó de ver la luz del sol encerrada como hiena en jaula. Octavio no le permitía salir al jardín verde y extenso de la casa, mucho menos a pasear por la ciudad, a lo cual ella accedió sin demostrar ningún tipo de incomodidad ni angustia por tal situación. Esto se debía a que los padres de esta chica, con escalofriante adaptación, habían denunciado a Octavio alegando secuestro y manipulación psicológica a su niña. Era recurrente escuchar el sonido del timbre repicar, el cual anunciaba la visita de los policías donde, corriendo como si se terminara el mundo, manteniendo la respiración, esta joven se escondía y mi padre, con actitud de noble, acaudalado, respondía preguntas con total claridad, firmeza y convicción. Al cabo de unos instantes, lograba que estos se retiraran sin poder conseguir su objetivo. Más de una vez quise gritarles, llamarlos, desesperadamente, pero el miedo enmudecía mi garganta sin siquiera poder pronunciar una palabra. Si pudiese volver al pasado, intentaría que la valentía y la verdad ganaran la batalla, pero, a pesar de todo, quería a mi padre de una forma inexplicable, por lo que en esos momentos no se me cruzaba por la mente la terrible idea de que sufriera las consecuencias de sus despiadados actos.

Transcurrían los años teniendo prohibido el tener amigos y la poca familia que existía no nos la dejaron conocer. Estábamos encerrados en una gran burbuja como títeres a la espera de que su dueño moviese los hilos. Estábamos atrapados en una realidad vana de coherencia.

A pesar de mamar toda esta realidad desconcertante, mi mente volaba con un único e inolvidable sueño: crecer, ser madre y formar una gran familia. Era incesante la idea de cuántos hijos iba a tener, cómo los iba a llamar, de qué color y tipo serían las flores de mi boda y, obviamente, me imaginaba historias de amor cautivadoras donde un príncipe azul diera su vida por mí. Cuando terminaba de soñar, el cielo entristecía, las flores perdían su fragancia y mi vida volvía a perder sentido.

A eso de los nueve años, comenzó mi cuerpo a cambiar, no de forma estrepitosa, pero sí evidente. Me avergonzaba mucho que Octavio me obligara a andar sin ropa, que me cubriera el pecho, y me atormentaba que viniera a verme cuando me duchaba o cuando me vestía, escondido como caracol cargado de baba, en su caparazón; lo hacía una y otra vez. Por suerte, me atacó la varicela y, para no contagiar a mis hermanos, me enviaron a la casa de mis abuelos, el tata y la abuela vieja, como los llamábamos.

Por fin esa mujer repleta de arrugas y su pausado caminar tenía la oportunidad de tener una niña a quien cuidar y me protegía como si fuera la hija que tanto deseó, pero esto me hacía sentir culpable porque sabía que en mi casa se pasaba hambre, mucha necesidad, pero aquí veía que a los perros los alimentaba con la mejor carne de ternera, tierna, hecha al punto, cortada en pequeños trozos para facilitarles la ingesta de la misma. Cuando no me veía, robaba manojos de carne y los disfrutaba rápidamente para no ser descubierta. De todas maneras, me tenían como una reina en su trono disfrutando deliciosos platos; néctares endulzaban mis sentidos, perfumes, cremas; todo era absolutamente extasiante, pero, aun así, mi corazón perecía por no poder compartirlo, sobre todo con Manuel, al cual extrañaba de una manera irracional. Este cálido viento reconfortante llegó a su fin y reapareció la rutina como una fría esfera de nieve que, en su andar, aumenta su tamaño y poder.

Recuerdo que volví a casa fascinada con la idea de encontrarme con Manuel, que, aunque a veces discutíamos, era y será mi héroe.

Pronto comenzamos la escuela. Lizeth y Manuel eran excelentes estudiantes, siempre llegaban a las notas más altas; en cambio, a mí me costaba, pero no por falta de inteligencia, sino porque comprendía las lecciones un poco más lento que los demás. Eso sí, en cuanto a comportamiento, compañerismo y solidaridad, recibía las mejores evaluaciones de todo el colegio. Defendía a los compañeros de los que se burlaban, muchas veces reñía con chicos más grandes, pero eso no me asustaba. Lo que buscaba es que estos abusadores no volvieran a hacer daño a nadie y para eso tenía que pelear con ellos, quedando muchas veces muy adolorida, pero reconfortada porque lograba mi objetivo. Escribía muy bien, teniendo oculta una infinidad de poemas, casi todos de amor y del sufrimiento por no tenerlo. Sin embargo, los números no me resultaban fáciles; de hecho, recuerdo que para aprender las tablas de multiplicar, Octavio me llevaba a un pasillo largo, oscuro y frío, el cual se veía como un gran agujero negro en medio del universo. Ahí me preguntaba las tablas, teniendo represalias a cada respuesta incorrecta: una gran mano cubría con violencia mi rostro, dejándome marcas en la piel y enrojecidos los ojos. Creo que su mecanismo de enseñanza no funcionó, me dejó tal herida que hoy por hoy, con cuarenta años, tengo miedo de decirlas en voz alta e incluso me cuesta muchísimo recordarlas; vergonzoso, lo sé. Otra parte de sus enseñanzas consistía en que, si Manuel y yo discutíamos por alguna razón (cosas de niños, vale aclarar), nos llevaba a una parte alejada del gran terreno que teníamos y nos golpeaba haciéndonos casi siempre mojar nuestros pantalones. Así nos explicaba que las discusiones no son necesarias. ¿Nos explicaba?

No estoy segura de mi edad, lo que sé es que era pequeña cuando nos llevaron al Chaco, diminuto pueblo rural donde todos se conocían, ubicado en Argentina, donde mi abuela materna era dueña de un hostal parador, ya que ahí arribaban todos los colectivos que transportaban a la población a ciudades cercanas. Ahí aprendí con mi hermano a andar en bicicleta. Creo que es uno de los pocos momentos dolorosos, pero felices que vivimos: doloroso porque, aprendiendo, caí en una zanja. El manubrio casi enterrado en mi estómago me dejó la huella imborrable que me acompaña cada día; igualmente, era feliz; todo lo demás era horrible. Éramos camareros, granjeros, limpiadores; salíamos a vender empanadas y lo único que comíamos era sopa de gallina y hamburguesas de soja. ¿Nos mandaban al colegio? Sí, unas horas por la mañana, pero era otro tormento porque, al ser extranjeros y no pertenecer a esa escuela, nuestros compañeros se aprovechaban y sacaban toda la crueldad que poseían y más.

En estos tiempos, Octavio se había quedado en Uruguay solo, obligando a Margaret a llevar a su estimada con nosotros, la cual nos hacía la vida realmente un infierno, asustándonos por las noches con supuestos fantasmas que nos cogían los pies o movían la cama. Gemía y hasta gritaba; además, teníamos que soportar el continuo maltrato y las maldades que nos ocasionaba cuando el sol estaba despierto.

Un día, Octavio apareció sin aviso en el hostal y lo primero que preguntó fue que dónde estaba su estimada, la cual se había ido; desconocíamos su paradero. Recuerdo a Octavio: estaba totalmente desquiciado. La buscó día y noche; hasta fue a una radio local solicitando un llamado de auxilio a la población para encontrarla. Por suerte, para él, lo logró con gran éxito. Lizeth lo acompañó incondicionalmente en su búsqueda, mostrándole una tristeza profunda por su desesperación y le afirmaba que ella también tenía la necesidad de encontrar a su preciada amiga porque la quería. ¿En qué corazón oscuro se puede querer a una persona que le hace tanto daño a la que te dio la vida? Preguntas sin respuesta.

Luego de este gran triunfo, recuerdo mirarnos al espejo y tener el rostro al doble de su tamaño, con el color de las ciruelas maduras. No entendíamos el porqué, descubriendo después que la tenebrosa criatura nos había hecho responsables a Manuel y a mí de su fuga. Por ello recibimos las consecuencias; a todo esto se sumaba el desprecio que recibía de mi abuela, la cual solo me tocaba para golpearme o hacía que me arrodillase sobre el maíz hora tras hora, acercándose sin permiso con algún accesorio en su mano, el cual sentía con total brutalidad sobre mí. Según su pensamiento, era merecedora de este trato por ser negra, como si con esto lograra transformar mi piel en la que quería que fuese. Aquí me sentí muy abandonada por Manuel. Yo quería que me defendiera, que de alguna manera la detuviera, pero debo admitir que también comprendí que era solo un niño.

Hubo unos meses donde me trasladaron a la casa de mis tías en Corrientes. Nunca me contaron el porqué, pero pasé días y días ingiriendo únicamente tereré, una bebida original de Paraguay conocida y adoptada en este lugar por la cercanía y por las costumbres; además, parte de las culturas se mezclan entre sí haciendo una nueva. El inconveniente que poseían estas señoras era mi peso, por lo que me mantenían a base de esa bebida fría alimonada. Cuando ya se me podían ver los huesos a la distancia, volví al Chaco. Al llegar, pude escuchar el susurro de Margaret diciendo que ojalá no estuviera en su vida y Lizeth se acercó y me dijo:

—Mamá quiere que te vayas, no te quiere y no quiere verte más.

Con un dolor indescriptible, me escapé. Estuve tres días deambulando por los campos, no sabía dónde iba y por el camino me pasaron cosas muy peligrosas, como el tener que escapar de cuatro campesinos con ansias de carne fresca, obviando el hecho de que solo era una niña. Dormía a la deriva, entre espesos campos verdes plegados de todo tipo de vidas, soportando que estos marcaran mi cuerpo con sus incesantes ataques, pero eso no era nada para mí, ya estaba marcada por dentro, por el dolor, la tristeza y el desamparo; una herida la cual era imposible que cicatrizara.

En un momento de mi fuga, tenía tanta hambre que, sin pensar, irrumpí en una casa; desde fuera de esta se podía ver un gran huerto lleno de hortalizas y frutos que me llamaban de una forma despiadada y tentadora. No pude resistir: controlando que no hubiera nadie, comprobando que así era, salté un gran portón de hierro blanco y recogí los frutos más exquisitos, eligiendo los de gran tamaño y de intenso color, los más apetecibles para mis ojos. Comí, comí, comí hasta quedar sin aliento, teniendo que saltar nuevamente por ese vigilante frío de metal, el cual ahora era mucho más alto y poderoso. Me costó por lo menos tres intentos para superarlo, pero lo logré siguiendo mi camino sin destino.

Al tercer día, me encuentran. Es inexplicable poder contar la emoción y alegría que sintió mi corazón. Lo único que pensaba era: «Les importo, me quieren», y no podía parar de llorar de felicidad. Por fin podía percibir que nuevamente estaría con Manuel inventando aventuras nuevas, pero pronto todo esto se desvanecerá: cuando pude ver la mirada de Margaret, una mirada totalmente vacía que me llenaba de desconcierto y miedo.

Luego, Octavio me lleva a una de las habitaciones del hostal coloreando mi cuerpo de tonos rojizos azulados como una gran pintura abstracta. Con un sonido sordo, escuchaba que me gritaba a la vez que sus manos no podían calmar su ira. Realmente, no logro recordar esas palabras porque el dolor las silenció. La locura más enorme es que así aprendí que no debía volver a escaparme jamás.

Pasaron semanas y volvimos a Uruguay de un día para otro, sin explicación alguna. De todas maneras, estas no existieron nunca en mi casa. Todos regresamos; incluso la maquiavélica estimada retornó con nosotros y volvimos a ser y a vivir exactamente igual a como antes de irnos, salvo que, con el tiempo, como la maleza de la selva creció, no dejando entrar la luz del sol por su profundo espesor.

Las navidades pasaban y Papá Noel, cuando venía, solo traía calcetines, ropa interior y, en alguna rara ocasión, algún pequeño juguete, el cual, al otro día, pasada la triste fiesta, aparecía sobre el techo del hogar, ya que Octavio necesitaba dormir, por lo que las risas y juegos de sus hijos incordiaban su preciado descanso.

Las cenas, en general, pero sobre todo estos días, eran agobiantes. Parecía que al señor le encantaba y disfrutaba teñirlas de amargura, gritos y llanto. Siempre pasaba algo que desataba su furia desmedida e irracional. Algunas veces, Margaret se refugiaba de la ira de Octavio debajo de la mesa sin conseguir escapar, solo lograba retrasar su llegada intempestiva.

No todo era malo: hubo momentos en los que podíamos ser niños viajando con el tata y la abuela vieja a una casa que tenían en Punta del Este, lugar conocido internacionalmente y destacado por su alto nivel adquisitivo, ya que aquí veraneaban figuras del espectáculo y personas de mucho poder. Ahí pasábamos horas felices lejos de la oscura presencia del jefe y su tan estimada ave carroñera. Disfrutábamos los segundos a plenas risas y juegos. Mi madre era tan distinta; con Manuel explorábamos todo lo que podíamos. A menudo, recolectábamos mejillones anclados a los pilares de los muelles de pesca que, por la noche, el tata cocinaba con amor y devoraba con devoción. También usábamos nuestras zapatillas para pescar pequeños cornalitos que se acercaban a la orilla dentro de las olas. Pasados por harina y sumergidos en aceite hirviendo, eran unos de los manjares más exquisitos. No eran muchas las visitas a este paraíso, pero formaron los pocos recuerdos felices de mi infancia.

No tengo manera de reafirmar la imagen de cómo éramos de niños porque no tengo nada, no hay ni una sola foto, nada. De hecho, el rostro de mi madre está únicamente en mi memoria, no hay más nada, todo quedó en manos del señor. Si soy totalmente sincera, no me inquieta ni da tristeza el no tener nada de Lizeth, ya que ella fue la que me enseñó lo que es no tener sentimientos. Creo, sin temor a equivocarme, que es la única persona que no despierta en mí absolutamente nada, y es que se lo ganó a pulso. Era tan malvada.

Lo primero que recuerdo es hacerme sentar sobre un agujero, hogar de miles de hormigas coloradas. Me dejaron unos seis días, en los cuales no me podía sentar y tenía que dormir bocabajo; mientras tanto, ella no paraba de reírse. Disfrutaba una barbaridad de lo que había hecho. Lo peor es que no le aplicaban ningún castigo, ninguna palabra firme, por lo que Lizeth seguía con sus aterradoras travesuras. Otras tantas veces se encerraba en el baño, arañándose los brazos, el rostro y las piernas. Salía dando gritos desesperados y con un llanto desconsolado, diciendo que yo era la causante de tal daño, logrando que yo recibiera, como era habitual, el castigo que merecía de parte de mis padres, los cuales no escuchaban ni una sola sílaba proveniente de mi voz.

Lizeth jamás salía a trabajar ni a comprar. Mientras nosotros caminábamos con un par de zapatillas agujereadas, ella poseía entre cinco o siete pares de la marca más costosa de ese momento, de diferentes colores y modelos. Ni hablar de su ropa exquisita; al contrario, la nuestra era digna de pordioseros. De todas maneras, esto no era lo que me enfadaba. Me enojaba que no nos quisiera y las cosas que hacía con tanto odio, siendo Octavio y Margaret ciegos ante ella.

Lo que nunca voy a olvidar son las palabras de mi abuelo, que un día, sin esperar lo que iba a decir, me habló tan cuidadosamente, delicadamente y tranquilo, que me asusté porque lo habitual en él era su estridencia, no esa paz que estaba dejando ver. Yo, intranquila y ansiosa, esperaba, hasta que comenzó diciendo que yo era muy diferente a mis hermanos, que tenía un gran corazón, bondad, mientras ellos eran superficiales, egoístas, materialistas. Por un lado, me dolió, pero, por otro lado, me llenó de amor, algo que necesitaba como el agua. Tal vez por esta razón el tata era mi mundo.

Un día, llamó a mis padres y les pidió si nos podían llevar a los tres durante una semana de paseo por las rutas en su casa rodante, durmiendo en campamentos. Margaret y Octavio se lo permitieron. Cuando nos contaron la gran idea de mi abuelo, yo estaba muy feliz, pero, de todos modos, no pude evitar la niebla que inundó mis sentidos. Algo no andaba bien, tal vez un sexto sentido o, simplemente, era que conocía a la perfección a mi abuelo. No lo conté, me lo guardé; de todas maneras, no me iban a creer.

El fin de semana vino a recogernos partiendo hacia la aventura, pero el tata no era el tata, su mirada cristalina mostraba tristeza, era notorio, por lo menos para mí. Era como si su vida se estuviera apagando. Me angustiaba tener esa sensación, pero me esforcé en no demostrar mi preocupación y traté de disfrutar con él y de quitar esos pensamientos de mi ser. El viaje llegó a su fin porque todo lo bueno parece durar poco y, al despedirse, lo hizo de una forma peculiar, como si en vez de un «hasta luego» dijera «adiós», un adiós para siempre.

A los dos días, aproximadamente, era temprano por la mañana y Lizeth me despierta de una manera abrupta. No entendía nada, lo único que escuchaba era su risa descontrolada; entre estas pude entender que mi abuelo había fallecido. Lizeth seguía riendo; yo me encontraba anonadada, paralizada. No lo podía creer, pero, desafortunadamente, era verdad.

La ambulancia lo trasladaba al hospital, pero en el trayecto no pudieron salvarlo. Dijeron que el corazón se le partió en tres y su cuerpo se inflamó, tanto que el velatorio tuvo que ser a cajón cerrado. Cuando recibí la noticia en mi cuarto y salí al comedor, pude observar a Margaret feliz con semejante tragedia. Nos vestimos rápidamente y nos dirigimos a la casa mortuoria. Antes de cruzar la calle que se interponía para poder despedir a mi abuelo, escuché a Margaret decir:

—Por fin murió este gordo de mier…

Vale aclarar que era una de las que más lloraba en su entierro. Pasado esto, solo pensaba en voz alta en las cosas que se quería quedar. Una de las cosas que consiguió fue un gran anillo de plata con un rubí en el centro, compañero de mi abuelo desde siempre y el cual me había dicho que quería que fuera mío; obviamente, no pudo ser.

El siguiente paso fue irnos a vivir con la abuela vieja porque, además del dolor que estaba pasando, no se encontraba bien de salud: tenía demencia senil y había quedado mal de una operación de caderas que le provocó dificultades para caminar —lo hacía renqueando, y muy poco—; su demencia cada vez iba empeorando, poniéndose extremadamente agresiva. Margaret y Lizeth eran las encargadas de suministrarle las medicinas, pero día a día su salud se agravaba.

Un martes llegamos Manuel y yo del colegio y de inmediato noté que mi madre y Lizeth le susurraban a mi hermano. Inquietada, con temor, me acerqué preguntando de qué estaban conversando, a lo que me respondieron que estaban enviando a Manuel a comprar cera de piso para aplicar una gran cantidad del producto y así provocar que la abuela se cayese, deshaciéndose de ella para siempre. Mi indignación era brutal. Con furia controlada, les dije que no se les ocurriera hacer algo así. Por el momento, lo conseguí, pero no estuve atenta a todo. Es que para mí tanta maldad era inexistente e imposible, pero me di cuenta más delante de lo equivocada que estaba.

A los tres meses de este episodio, llegué del colegio. Viendo a mi abuela demasiado mal, me asusté y nuevamente pude percibir el sentimiento de que no la iba a ver más. Me acerqué y conversé con ella largo rato, en el cual me pidió que esa noche me acostara a su lado, pero el terror fue tan inmenso e invasivo, como una plaga, que no pude.

A la mañana siguiente, me despierta Lizeth tratando de ocultar su siniestra sonrisa diciendo que había algo raro en la abuela, que la fuera a ver. De inmediato, la sangre se me heló a la vez que mi corazón galopaba intentando escapar de mi cuerpo, todo en cuestión de segundos. Abrí la puerta de la habitación. Dando el primer paso hacia su interior, siento mis pies totalmente empapados, sumergidos en un charco. El hedor que se podía olfatear era indescriptible y espantoso. Ahí estaba mi abuela, inerte, pálida, fría. Parte de su rostro estaba deformado; sus ojos, abiertos de par en par, me daban esperanza, pero de inmediato se desvaneció al comprobar que se había ido. El charco en el piso era la orina que sale del cuerpo una vez que se detiene el corazón.

Cómo explicar el dolor y la culpa que me invadieron. Pensé que si hubiese dormido con ella esa noche podría haber tenido una oportunidad de seguir viviendo porque yo habría hecho algo para ayudarla, pero me acobardé no estando cuando me necesitó. La culpa se instaló en mi mente, en mi corazón y en mi alma como un tsunami imparable. Su fuerza, poder y odio destrozó todo lo que encontró a su paso.

Sin embargo, una noche, sin aviso, el tormento se acabó. Me fui a dormir, pero estoy completamente segura de que no fue un sueño cuando noté que alguien me abrazaba susurrándome al oído con voz aterciopelada que no era mi culpa. Escuchando esto, despegué el rostro de la almohada observando quién me abrazaba. Quién reconocía mi dolor y buscaba salvarme. Era mi abuela, sí, la abuela vieja, que, además de darme alivio, me dijo que me quería mucho y que ahora iba a estar en un mejor lugar junto al tata. Cuando finalizó, haciendo un gran esfuerzo, se incorporó de la cama caminando hacia la puerta de salida donde, a cada paso que daba, rejuvenecía. Podía ver como dejaba de caminar con dificultad, de a poco recuperaba una postura recta. Su joroba y su bastón desaparecían. Llegando al umbral de la puerta con una apariencia totalmente diferente, se había transformado en una mujer de unos treinta años, sana y fuerte. Ahí volteó y me dijo adiós, desvaneciéndose como arte de magia. A partir de ese momento, no volví a sentir esa culpa que me carcomía por dentro; ella se la había llevado. Obviamente, jamás conté esta historia, ¿quién la creería?

En su entierro, Lizeth era la que más lloraba. Había que verla, era increíble. Todos sabíamos que no la quería, lo único que hacía era hablar de ella con total desprecio y desamor. En el velatorio, la muy descarada no paraba de tontear con el ayudante del funebrero llamando todo el tiempo su atención, lo que lograba satisfactoriamente. Para todo esto también estaba el gran Octavio, otro de los más afectados, tanto que cuando colocaron el ataúd en la fosa fresca se lanzó sobre él con un lloro inconsolable y gritaba:

—¿Por qué? ¿Por qué?

Todo estaba tan lejano a la realidad que Manuel y yo nos encontrábamos anonadados. Era demasiado insoportable ver a dos bestias incapaces de tener emoción alguna, de repente, mostrar una cascada de sentimientos amorosos, los que puedo asegurar, eran inexistentes en sus despiadadas almas.

En las Navidades de ese mismo año, pasados unos cuatro meses del fallecimiento, nos encontrábamos cenando Margaret, Lizeth, Manuel y yo. Cuando sonaron las doce de la noche, Lizeth propuso hacer un brindis con su sonrisa perturbadora, escalofriante e inentendible para mí, diciendo:

—Brindemos porque por fin se murió la maldita vieja de mier…

Quedé en *shock*, estupefacta, petrificada. De inmediato, posé los ojos en Margaret, la cual se reía con gozo disfrutando el gran brindis que había hecho su amada hija. Manuel y yo nos miramos sin poder reaccionar, hasta que fui capaz de enfrentarlas con calma furiosa e investigativa, diciendo que no debían disfrutar de tal tragedia, que la abuela estaba enferma y eso no le permitía ser consciente de las cosas o lo agresiva que se ponía, pero sin poder terminar mi diálogo, Lizeth interrumpió intempestivamente confesando entre carcajadas que esta desgracia para mí, alivio y felicidad para ellas, fue provocada, ya que conscientemente le suministraban los fármacos de forma incorrecta o, directamente, no se los daban, logrando así el continuo deterioro y la llegada del fin. Estaban tan orgullosas e inconcebiblemente felices que se me retorció el estómago de la impotencia y el asco.

Pienso que sentían satisfacción al demostrar que habían ganado la batalla que ellas mismas crearon, alimentando su ego, sintiéndose poderosas. Jamás se volvió a mencionar el tema. No defiendo a Margaret y tampoco la justifico, pero estoy convencida de que ella ya no se encontraba bien, su mente estaba totalmente perdida; el cerebro, escandalosamente debilitado. Fue rehén de seres siniestros como lo eran Octavio, su querida y Lizeth.

La historia de terror no llegaría a su fin, al contrario, cada vez tomaba más fuerza e intensidad. No me queda nada más que decir, solo que mi niñez fue interrumpida sin que pudiera hacer nada, sin que mi madre pudiera hacer nada, solo entregar su vida y felicidad para estar con sus hijos. El caso es que llegó el momento en el que tomó decisiones y elecciones dolorosas, que marcaron así mi adolescencia y mi vida

Me da miedo decir que, a mi entender, aunque parezca una locura, Margaret es una mujer admirable, por lo cual no hay ni un solo día que no esté presente en mis pensamientos y no llore en silencio y soledad la mala pasada que nos jugó el destino. Desearía que Margaret pudiera entender que, cuando se marchó, se llevó consigo mi corazón, mi sonrisa y mi alma y dejó una sombra que solloza y que solo busca un poco de luz.

Lo que sigue a esto es la parte más dura que se puede vivir y sentir, ya que nadie está preparado para el abandono, ahí ,comienza la adolescencia bajo la profunda oscuridad…